CONSÉQUENCES

DU PRIX

DE L'ADJUDICATION

DE

L'EMPRUNT DE 80 MILLIONS;

FAISANT SUITE AU *FIAT LUX*.

PAR ARMAND SÉGUIN,

DE L'INSTITUT.

Cartes sur table.

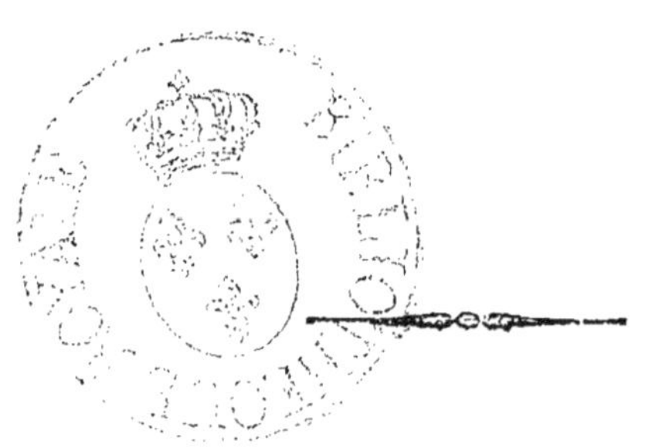

PARIS.

JANVIER 1830.

TABLE.

PARIS. — IMPRIMERIE DE COSSON,
Rue Saint-Germain-des-Prés , n° 9.

CONSÉQUENCES

DU PRIX

DE L'ADJUDICATION

DE L'EMPRUNT DE 80 MILLIONS.

12 janvier 1830.

L'EMPRUNT de 80 millions vient d'être adjugé à 102 fr. 7 1/2 c. pour 4 fr. aux INÉVITABLES.

Notre position étant maintenant fixée relativement à cet emprunt, recherchons quels en seront les résultats pour l'État, pour les *inévitables*, pour les rentiers à substitution, et pour les capitalistes à placement.

Résultat

de l'emprunt pour l'État.

Les recettes du trésor royal seront ainsi qu'il suit :

12 février.	10,000,000	fr.
12 mars.	10,000,000	fr.
12 avril.	10,000.000	fr.
12 mai.	10,000,000	fr.
12 juin.	10,000,000	fr.
12 juillet.	10,000,000	fr,
12 août.	10,000,000	fr.
12 septembre.	10,000,000	fr.
	80,000,000	fr.

Pendant ces huit mois, les encaissemens partiels doivent être censés *fructifier* pour l'État à l'intérêt de 4 pour o/o ; ce qui augmenterait son actif de . . . . 933,333 fr.

Y joignant le montant de l'emprunt de. . . . . 80,000,000 fr.

Le capital réel de jouissance sera de . . . . , 80,933,333 fr.

Par contre et comme élémens de la balance, ses dépenses seront ainsi qu'il suit :

1°. Pour la libération . . . . . . 80,000,000 fr.

2°. Pour les six mois d'arrérages alloués aux soumissionnaires. 1,567,474 fr.

Ensemble. . . . . 81,567,474 fr.

Si on en déduit la recette de . . 80,933,333 fr.

Reste en perte . . . . 634,141 fr.

En effet, au taux vénal de l'adjudication, savoir 102 fr. 7 1/2 c. pour 4 fr., l'encaissement des 80 millions exigera une émission de

3,134,949. fr.,

Dont la moitié pour les six mois d'arrérages, est de

1,567,474. fr.

D'où il suit que la recette effective du trésor ne sera pas réellement de 80 millions, ainsi qu'on l'espérait, mais seulement de

79,365,859 fr.;

et qu'ainsi le taux vénal de l'emprunt n'est pas réellement de 102 fr. 7 1/2 c. pour 4 fr., mais seulement de

101 fr. 26 1/2 c.

Résultat

de l'emprunt pour les inévitables.

En supposant que les inévitables revendent leurs 4 pour cent seulement à 82 fr. 7 1/2 c. pour 4 fr., prix de leur adjudication, ils auront, par suite du mode de paiement, un premier bénéfice de

634,141 fr.

Mais en admettant (ce qui est possible) que, par suite de la manie du jeu, les *inévitables* revendent, terme moyen, à 85 fr. pour 4 fr., ils auront un second bénéfice, qui s'élevera à

897,500 fr.

Ensemble de ces deux sommes de bénéfices :

1,531,641 fr.

Résultat

de l'emprunt pour l'ensemble des porteurs d'inscriptions 4 pour cent.

En admettant l'achat de l'ensemble des rentes 4 pour cent, au terme moyen de 105 fr. pour 4 fr., le debours serait de . . . . 82,292,386 fr.

la libération ne pourrait pas dépasser. . . . . 80,000,000 fr.

Il y aurait donc pour les porteurs d'inscriptions une perte de 2,292,386 fr.

Résultat

de l'emprunt pour les substitutions des rentiers, et pour les placemens des capitalistes.

Maintenant recherchons si les rentiers 5 pour cent et les capitalistes à placement, auraient intérêt, les premiers à vendre leurs 5 pour cent pour acheter des 4, les seconds à acheter des 4 de préférence à des 5.

Dans cette direction, les intérêts des rentiers 5 pour cent et des capitalistes à placement sont identiques.

Un rentier, 5 pour cent, jouissant d'un revenu de 5,000 fr., peut, en les vendant, obtenir un capital de

109,000 fr.

Comme aussi, avec un capital de 109,000 fr., un capitaliste à placement peut se procurer un revenu de

5,000 fr.

En achetant avec ce capital des 4 pour cent à 105 fr. pour 4 fr., ils se feraient un revenu de

4,152 fr.

Le revenu qu'ils abandonneraient serait de

5,000 fr.

La *perte* de revenu serait donc de

848 fr.

Comme compensation, en *conservant* ou en *achetant* des 5 pour cent, ils risqueraient, par l'effet du remboursement *forcé*, d'éprouver une *perte* de. . . . . 9,000 fr.

En achetant des 4 pour cent, leur risque, par remboursement *forcé*, ne s'éleverait qu'à. . . . . 5,000 fr.

L'augmentation des *chances de pertes* sur leur capital, comparativement à une stagnation d'état, serait donc de. . . . . 4,000 fr.

Recherchons, par contre, quelle serait leur perte possible, par le choix qu'ils auraient accordé aux 4 pour cent, et suivant l'époque qu'ils fixeraient pour rentrer dans leurs capitaux.

Si les rentiers 4 pour cent, se dégoûtant de leur nouveau placement, voulaient rentrer dans les fonds qu'ils auraient retirés de la vente de leurs 5 pour cent, leur perte, due à la diminution de revenu, serait, relativement aux époques de leur détermination, ainsi qu'il suit, pour chaque partie de 109,000 fr. :

A la fin de la 1re année, de. . . 848,000 fr.

A la fin de la 2e année, de. . . 1,739,000 fr.

A la fin de la 3e année, de. . . 3,673,000 fr.

A la fin de la 4e année, de. . . 3,654,000 fr.

A la fin de la 5e année, de. . . 4,685,000 fr.

A la fin de la 6ᵉ année, de. . .   5,770,000 fr

A la fin de la 7ᵉ année, de. . .   6,905,000 fr.

A la fin de la 8ᵉ année, de. . .   8,100,000 fr.

A la fin de la 9ᵉ année, de. . .   9,350,000 fr.

A la fin de la 10ᵉ année, de. .   10,670,000 fr.

A la fin de la 11ᵉ année, de. .   12,050,000 fr.

A la fin de la 12ᵉ année, de. .   13,500,000 fr.

A la fin de la 13ᵉ année, de. . .   15,020,000 fr.

A la fin de la 14ᵉ année, de. .   16,620,000 fr.

A la fin de la 15ᵉ année, de. .   18,300,000 fr.

A la fin de la 16ᵉ année, de. .   20,060,000 fr.

A la fin de la 17ᵉ année, de. .   21,910,000 fr.

A la fin de la 18ᵉ année, de. .   23,860,000 fr.

A la fin de la 19ᵉ année, de. .   25,890,000 fr.

A la fin de la 20ᵉ année, de   28,040 fr.

Ainsi, à la 20ᵉ année, la perte de chaque porteur d'une inscription de 109,000 fr., 4 pour cent, serait de

28,040 fr.

C'est-à-dire, relativement au capital, de près de

27 pour %.

Comparativement au taux vénal des 3 pour cent, le taux vénal actuel des 4 pour cent est trop élevé.

———

Pour prouver que, comparativement au taux vénal des 3 pour cent, le taux vénal actuel des 4 pour cent est trop élevé, supposons qu'un capitaliste, voulant employer, en achat de rentes, une somme de 104,000 fr., désire, ayant tout, s'assurer s'il aura plus d'avantage à placer cette somme en 4 pour cent, au taux de 104 fr. pour 4 fr., qu'en 3 pour cent, au taux de 84 fr. pour 3 fr.

Sa première considération devra être que, en cas de remboursement *forcé*, ou d'encaissement *volontaire* au taux constitué, sa perte possible sur son capital, sera, par placement en 4 pour cent, de

4,000 fr.

Tandis que son augmentation de capital, par placement en 3 pour cent, sera de

19,285 fr.

Ce qui, sous cet aspect, donnerait au placement en 3 pour cent un *avantage* de

$$23,285 \text{ fr.}$$

Mais en même temps il doit considérer que avec 104,000 fr. il se serait procuré, en placement en 4 pour cent, un revenu de

$$4,000 \text{ fr.}$$

Tandis que, avec la même somme, il ne se serait procuré, en 3 pour cent, qu'un revenu de

$$3,714 \text{ fr.}$$

Son moindre revenu, par placement en 3 pour cent, serait donc de

$$286 \text{ fr.}$$

Le problème à résoudre par lui, dans le but d'asseoir sa détermination, sera donc de vérifier si l'augmentation de capital devra dépasser la diminution de revenu calculée à 4 pour o/o.

Son problème devra donc être ainsi présenté:

En combien d'années une somme annuelle de 286 fr. se renouvelant chaque année, et cal-

culée à l'intérêt de 4 pour o/o, devra-t-elle s'é-
lever à

$$23,285 \text{ fr.?}$$

Des calculs convenables prouvent que ce serait au bout de

$$36 \text{ années}, 1 \text{ mois}, 28 \text{ jours.}$$

Si donc le *complément* de la *libération* des 3
pour cent doit ne pas atteindre cette durée, ce
qui, d'après la direction qui est donnée à la libération des diverses natures de rentes existantes
sur la place, doit être considéré comme *certain*,
il en résultera que les capitalistes à placement
auraient aujourd'hui plus d'intérêt à placer leurs
fonds disponibles en 3 pour cent à 84 fr. pour
3 fr., qu'en 4 pour cent à 104 fr. pour 4 fr.

D'où suit cette conséquence absolue que :

*Comparativement, le prix vénal des 4 pour
cent est trop élevé ; ou que le prix vénal des 3 ne
l'est pas assez.*

Or, comme malgré les efforts de tous genres
qui ont eu lieu pour l'élévation des 3 pour cent,
et quoique la totalité de la puissance leur ait été
exclusivement consacrée, ils n'ont pas pu s'éle-
ver au-dessus de 84 fr. pour 3 fr., taux qui pour-

rait bien être influencé, en *sens rétrograde*, par la disposition *indispensable* et *prochaine* relative à la puissance amortissante, quelle que puisse être cette disposition, il en résulte :

1° Que le taux vénal des 4 pour cent est pour l'instant trop élevé ;

2° Qu'ainsi, dans l'ordre de raison, ce taux doit s'abaisser, résultat qui ne pourra être différé que par suite des intrigues qui ont déjà eu lieu, et qui, certainement, continueront à avoir lieu, pour leur *soutien.*

Résumé

des diverses positions intéressées.

Pour l'État,
perte de

634,141 fr.

Pour les rentiers,
acheteurs au prix de 85 fr. pour 4 fr.,
perte de

2,292,386 fr.

Pour les soumissionnaires,
bénéfice de

1,531,641 fr.

CONCLUSION.

Que résultera-t-il donc, en définitive, de l'emprunt de 80 millions?

1° *Bénéfice* pour les *inévitables*; au moins

1,531,641 fr.

Bénéfice qui pourrait s'augmenter, et deviendrait d'autant plus considérable que la vente aurait lieu à un prix plus élevé.

2° *Perte* pour l'État;

634,141 fr.

3° *Perte* pour les porteurs d'inscriptions, 4 pour cent; au moins

2,292,386 fr.

Perte qui s'augmentera, et deviendra d'autant plus considérable que les achats auront lieu à des taux plus élevés.

C'était donc bien le cas de répéter à satiété, avant l'adjudication, ce qui aujourd'hui est encore bien *applicable* à d'autres objets d'administration :

Fiat lux! *Amen.*